AF331794

OBSERVATIONS

SUR LE MODE ET LES EFFETS

DE L'ACTION AFIN DE RESTITUTION

POUR CAUSE DE LÉSION D'OUTRE MOITIÉ.

« Rem majoris pretii situ vel pater tuus distraxerit humanum
» est ut vel pretium te restituente emptoribus fundum ve-
» nundatum recipias, autoritate judicis intercedente, vel
» si emptor elegerit quod deest justo pretio recipias. Minus
» autem pretium esse videtur, SI NEC DIMIDIA PARS VERI
» PRETII SOLUTA SIT ».

J'ATTAQUE avec confiance la résolution du 27 ventôse dernier, relative à l'action en restitution pour cause de lésion.

Je ne craindrai pas de blesser le respect dû à ses auteurs, en discutant les motifs qui les ont déterminés. Des législateurs sages et desireux du bien, ne s'offenseront jamais de l'examen des principes qui leur ont servi de base, ni de la démonstration des erreurs qui en sont l'effet. Organes du peuple, leur premier devoir, est de s'occuper de son bonheur ; s'il en étoit autrement, ils cesseroient de mériter sa confiance.

PROPOSITION.

Le corps législatif a-t-il le droit d'abroger l'exercice de l'action pour cause de lésion pour les ventes antérieures au 14 fructidor an 3 ?

RÉPONSE.

Cette proposition me paroît aussi inadmissible, aussi absurde que le seroient celles-ci. Le corps législatif a-t-il le droit d'attaquer le pacte social ? d'entamer la propriété ? de violer la justice ? enfin, de franchir les bornes de tout pouvoir légitime ?

S'il est déraisonnable, s'il est insensé même, de supposer au corps législatif une aussi monstrueuse autorité, il le seroit autant d'assurer qu'il a celle d'anéantir l'exercice de l'action en lésion d'outre moitié, subsistante depuis quinze siecles, admise parmi nous, de temps immémorial, et main-

A

tenue spécialement par les lois de fructidor an 3, germinal
an 5, et ventôse an 6.

Si quelques hommes ennemis des principes, et person-
nellement intéressés, ont osé insinuer cette doctrine erron-
née, au moins n'a-t-elle pas encore été ouvertement prê-
chée. En effet, une telle entreprise consacrant l'effet rétroactif d'une loi, attaqueroit le pacte social qui le proscrit,
entameroit la propriété, lien essentiel de la société, et
le corps législatif, franchissant les bornes du pouvoir légitime, substitueroit à un gouvernement libre, le plus affreux
despotisme.

Qui oseroit nier que rendre impossible l'exercice de cette
action, ou l'abroger, est absolument la même chose ? de
de manière, que si je démontre que la résolution produit
cet effet meurtrier, je démontrerai en même-temps que,
subversive de tous principes, et ébranlant les fondemens de
la société, elle doit être rejettée.

Pour y parvenir, je n'y opposerai que des principes géné-
ralement avoués et admis. Je discuterai ensuite cette résolution ; mais avant, je me permettrai cette réflexion.

S'il est en l'homme une puissance qui le met à portée de
distinguer le juste de l'injuste, puissance aussi ancienne
que Dieu, dont elle est l'image ; puissance enfin qui est la
raison ; l'homme, mystère impénétrable de grandeur et de
bassesse, agité sans cesse par mille passions diverses, et
sourd à la voix de cette faculté sublime et éternelle, ne
prend que trop souvent le change sur le choix des moyens
qui le dirigent au bien : si alors, ou l'amour-propre, ou l'intérêt personnel se joignent à ce choix déréglé, tel qu'un
torrent grossi par des eaux subites, détruit et entraîne tout
ce qui suspend son cours ; de même l'homme, n'écoutant
plus cette voix intérieure, se livre sans réserve à tous les
écarts imaginables ; et la résolution dont il est ici question,
prouve cette importante et triste vérité.

Motifs qui déterminent et autorisent l'exercice de cette action.

Si, dans les ventes d'immeubles, le prix payé par l'acquéreur, est moindre que la moitié du vrai prix, le vendeur,
par ce seul fait, a le droit de faire résoudre le contrat de
vente. *Minus autem pretium esse videtur*, SI NEC DIMIDIA PARS
VERI PRETII SOLUTA SIT.

Le défaut de paiement de la moitié du vrai prix, indépendant de la bonne ou mauvaise volonté de l'acquéreur,
suffit pour autoriser cette action. *Et si nullus dolus intercessit
stipulantis, sed ipsa res in se dolum habet* ; ce qu'on appelle
en droit DOLUS REIPSA.

Le vrai prix sur lequel s'établit la lésion, est celui de l'im-

meuble au temps de la vente. *Pretii quod fuerat tempore ven-*
ditionis. Je commencerai par la discussion de cet objet.

Comment autant d'opinions diverses sur cet objet simple
et universel, et sur lequel il ne peut y avoir deux manieres
d'opérer !

Deux erreurs sensibles en sont la cause. La première,
c'est de prétendre estimer des valeurs réelles contre des valeurs nulles ; telles les denrées contre assignats.

La seconde est une profonde ignorance des principes de
l'expertise, qui porte à faire croire que justement on peut
fixer par comparaison la vraie valeur d'un immeuble par celle
d'un autre immeuble ; comparaison qui, suivie de proportions
arithmétiques donnera, dit-on, le vrai prix cherché.

Un immeuble rural quelconque est toujours composé de
terres, prés, bois, etc. l'arpent le plus voisin d'un autre est
souvent le plus distant en produit, de là en valeur. Je prie
d'y faire attention, la valeur d'un arpent est en lui-même,
elle dépend de son produit combiné, et jamais de comparai-
sons, qui toutes lui sont étrangères. Prétendroit-on estimer une maison par comparaison ? Voyons quel seroit le résultat de ce nouveau mode d'estimation.

Je prends pour exemple deux maisons neuves, contigues
et d'une location égale ; se bornant à la seule comparaison,
elles auront nécessairement une valeur égale.

Mais l'une est bâtie en pierres de taille, l'autre en bois
et moëllons.

L'une est couverte en ardoises, fétières et gouttières de
plomb.

L'autre simplement en tuiles.

L'une est décorée, l'autre est sans ornement quelconque.

Enfin, la construction de l'une assure une longue jouis-
sance et presque sans réparation ; l'autre n'en présente qu'une
courte, et beaucoup de frais d'entretiens ; considérations
puissantes pour estimer une de ces deux maisons à un prix
bien plus considérable que l'autre, qu'un examen réfléchi de
la valeur réelle des matériaux pourront seul mettre à portée
d'estimer son vrai prix.

Il faut donc en convenir, l'immeuble a en lui-même sa
valeur réelle ; il y auroit de la folie de prétendre la trouver
par comparaison avec celle d'un autre immeuble.

Principe d'estimation.

Pour fixer le capital d'un immeuble, il faut en connoître
le produit en nature et son rapport avec la monnoie courante.

Le produit naturel de l'immeuble est en denrées, et leur
rapport au numéraire s'établit sur un prix combiné de dix
années une.

La connoissance de ce rapport est nécessaire, parce que s'il est vrai qu'il y ait une valeur réelle dans la denrée et la monnoie métallique, il est vrai aussi que ces valeurs varient: c'est donc de ces prix variés que se forme le prix commun pour établir le vrai produit en numéraire, duquel dépend unique ment le *capital, vrai prix*.

Mode d'estimation.

Est-il question d'estimer un arpent de terre? On cherche son produit en nature, le rapport de ce produit à la monnoie courante; enfin, on fixe le capital d'après un denier d'usage dans la contrée.

Ainsi le produit en nature se trouve être un septier de froment, le prix commun du septier, 24 liv.; le produit en numéraire sera de 24 liv.; et en supposant le denier 25, le denier d'usage, le capital sera de 600 liv. Ce mode d'estimation est le seul qu'ait admis jusqu'ici et qu'admettra jamais la droite raison; le délire seul, peut en imaginer un autre.

Que lui substitue la résolution? Ecoutons-là.

« Les tribunaux ordonneront l'estimation, par experts,
» de la juste valeur, contre assignats, qu'avoit l'immeuble
» vendu au temps du contrat, 1°. *eu égard à son état et à*
» *son produit à la même époque;* 2°. à la valeur contre assi-
» gnats, qu'avoient dans la contrée, ou dans les lieux les plus
» voisins, les immeubles de la même nature à l'époque de
» la vente; 3°. aux facilités et avantages résultans des termes
» de paiement ».

Ce qui vient d'être dit sur le mode d'estimation adopté par un usage constant et la droite raison, suffit pour convaincre combien les dispositions de la résolution sur cet objet leur sont opposées; tel sera toujours l'effet de l'abandon des principes.

Le septier froment, pendant le cours du papier, et frappé du *maximum*, valoit 40 liv.; un vendeur audacieux ne s'y soumettant pas, le vendoit 100, 200 liv. Le prix du septier, pendant cet intervalle de temps, a été de 500, liv. 1000 et 10,000 liv. en assignats, de 30, 40, 100 liv. et plus en or.

1°. Quel prix, entre tous ces prix divers, admettra-t-on pour établir le produit de l'immeuble? Un prix moyen donneroit un prix tout à-la-fois fou ou injuste, parce que l'immeuble vendu à l'époque où le septier valoit 40 liv., auroit le même prix que l'immeuble vendu à l'époque où le septier valoit 10,000 liv., ce qui répugne.

Fixera-t-on ce prix d'après le *maximum*; acte violent et arbitraire; prix forcé et non le vrai prix, qui toujours étoit supérieur au *maximum*? Ce seroit injuste. Enfin voudra-t-on admettre le prix de chaque jour? Mais il n'étoit pas égal un jour entier dans la même commune. Cependant la

(5)

résolution prescrit l'estimation de l'immeuble *d'après son produit au temps de la vente*, et il est impossible à trouver ; il est
donc plus clair que la lumière du jour que ce mode d'estimation contre assignats, heurte la droite raison. Que devient
alors cette disposition de la résolution ? Nécessairement nulle
et sans application elle doit être rejetée.

Qui, au reste, pourroit être sans effroi de son résultat ?
Il mettroit la fortune des citoyens à la discrétion des experts,
qu'aucune règle ne dirigeroit, qui, maîtres du choix et de
la combinaison de tant de prix divers, et n'ayant pour frein
que leur volonté ou leur caprice, admettroient ou rejete-
roient arbitrairement la lésion, sans que les tribunaux pussent
y porter remède.

2°. Quels seront ces objets de comparaison de ventes
d'immeubles de même nature, au même temps que celle de
l'immeuble à estimer ? Peut-être ne s'en trouvera-t-il pas qui
réunissent ces qualités.

3°. Mais comment admettre le prix combiné de ces ventes
diverses ? Il n'est que celui d'objets étrangers au prix cherché.
Et ce prix étranger à l'immeuble à estimer seroit son vrai
prix ? Quel déréglement d'esprit ! Un immeuble, je le répète,
a, en lui seul, sa valeur réelle, la comparaison ne lui en
en donne qu'une fausse.

4°. Quels sont, au reste, ces prix divers ? Des prix stipulés, des prix sur lesquels s'élèveront peut-être autant de
réclamations qu'il y aura de ventes ; des prix proscrits par
la loi qui n'admet qu'un vrai prix résultant du produit réel
de l'immeuble et fixé par l'expertise.

5°. Qu'importe ici les termes de paiement ? Tel a vendu
plus cher, parce qu'il a vendu comptant ; tel autre, parce
qu'il a vendu à termes éloignés ; les prix dépendoient des
positions, des facultés respectives des parties. Ce moyen est
donc sans nulle considération.

Ceci suffit donc pour prouver combien l'estimation contre
assignats est opposée aux principes et à la droite raison, et
qu'il n'en peut résulter que de très-funestes effets.

PREMIÈRE OBJECTION.

La loi veut la fixation du prix au temps de la vente : et
pendant le cours des assignats, elle ne peut être faite qu'en
assignats.

RÉPONSE.

Oui, la loi fixe l'estimation au temps de la vente ; mais
comme elle est impossible contre assignats, la loi ne veut
ni ne commande l'impossible ; si elle le faisoit, elle cesseroit
d'être loi, parce qu'une condition nécessaire à sa formation
est que la chose commandée soit possible. Le législateur n'a

pu prévoir, dans le 3ᵉ siècle, les assignats du 18ᵉ et leur meurtrier effet. Au reste, il a mis à portée de réfuter cette mesure d'estimer par comparaison ce qui choque la raison, prescrivant impérieusement de fixer un *vrai prix* à l'immeuble vendu ; et comme il est impossible de le faire contre assignats, c'est obéir à la loi ; c'est remplir son vœu que de remettre à fixer ce *vrai prix* à l'époque où cela est juste et possible. L'année 1790, la plus prochaine de la cessation du cours du numéraire, et déjà adopté par le corps législatif, est la plus convenable (1).

DEUXIÈME OBJECTION.

Le prix de l'immeuble étoit plus haut en 1790, que lors du cours du papier-monnoie.

RÉPONSE.

Qui augmente ou diminue le prix de l'immeuble ? L'impôt plus ou moins considérable, le haut ou le bas prix des denrées et de la main-d'œuvre, l'abondance ou la disette du numéraire.

Lors du cours du papier, l'impôt étoit nul, comparé au prix des denrées ; le numéraire papier étoit immense ; les denrées avoient en papier un prix fou ; et en argent, un prix supérieur aux dix années antérieures à 1790 ; et la main-d'œuvre, payée en papier, étoit peu de chose pour le cultivateur. Tout ici concourt donc à prouver que le prix de l'immeuble, lors du cours du papier, devoit au moins égaler celui de 1790, et être très-recherché.

Mais il y avoit beaucoup moins de numéraire métallique. 1°. Est-il certain qu'il en soit sortie autant qu'on veut le faire croire ? 2°. la majeure partie n'étoit-elle pas sortie avant 1791 ? Se contentera-t-on de simples présomptions, de raisonnemens hasardés pour prononcer sur un fait qui compromet la fortune de tant de vendeurs trompés ? Non, un tel arbitraire n'aura pas lieu chez un peuple libre.

Il est possible que des immeubles ayent été vendus pendant le cours du papier, contre sens, raison et principes,

---

(1) Les vérités que je viens de démontrer ont été senties et décidées par le corps législatif à trois époques différentes.

La suspension de l'action en lésion a été prononcée par la loi du 14 fructidor, parce qu'il n'y avoit pas de base certaine pour l'estimation de l'immeuble, à cause de la baisse de l'assignat.

Cette suspension a été levée le 3 germinal an 5, parce que le numéraire ayant repris son cours, il y avoit une mesure pour les estimations.

Enfin, la loi du 16 nivôse dernier a voulu l'estimation en valeur réelle pour ce qui reste à payer du prix des ventes d'immeubles faites postérieurement au 14 fructidor an 3.

un prix inférieur à celui de 1790. Mais les malheurs pu-
blics, la terreur, le désespoir qui, ouvrant un vaste champ
à l'astuce, à la perfidie des acquéreurs, et planant sur
l'ignorance et les besoins des vendeurs, ont occasionné
ces ventes; de pareils motifs ne détermineront pas à les
protéger, et ne feront, qu'au contraire, rejeter un mode
d'estimation qui, opposé aux principes, à la droite raison,
ne tend qu'à rendre impossible l'action en restitution.

TROISIEME OBJECTION.

Pourquoi ne pas adopter le prix actuel des immeubles?

RÉPONSE.

L'impôt foncier, (en 1790, et pendant les années antérieures, où s'établit le prix commun des denrées qui, fixant
le vrai produit, détermine nécessairement le capital); l'impôt foncier, dis-je, étoit alors de 186 millions, il est aujourd'hui de 400, compris ce que l'exploitation supporte de
l'impôt mobilier.

L'immeuble augmente ou diminue de prix en proportion
de ses charges; celle-ci le diminue au moins d'un cinquième, les denrées sont à bas prix, et la main-d'œuvre
d'un prix exorbitant.

Le haut taux de l'usure raréfiant le numéraire, en augmente le produit. Un capital métallique de 100,000 liv., produisoit
en 1790, 4,500 ou 5,000 liv. Le cinquième, du même capital,
ou 20,000 liv., produit aujourd'hui, 6 à 7,000 liv. Le capita-
liste cupide, mais défiant, plus riche en revenu avec ce
cinquième, qu'il ne l'étoit avec le tout, ne risque pas d'en
émettre plus : alors, moins de numéraire dans le commerce,
moins aussi de valeur proportionnelle dans l'immeuble. Combien donc seroit-il injuste de fixer le prix de l'immeuble pour
le passé, sur celui éphémère qu'il a, lorsque règne un tel
ordre de choses.

Consultons encore, et avec loyauté, l'opinion et l'équité
sur l'estimation. Nos, jurisconsultes, spécialement le ju-
dicieux Domat, pensent que l'estimation doit être plutôt
forte que foible, et ce sentiment est fondé sur l'équité.

L'estimation plus forte, autorisant, ou plutôt assurant
l'action en lésion, le vendeur reprend sa chose aliénée à
vil prix, en rendant celui payé, ou reçoit le complément
du vrai prix : l'acquéreur garde l'immeuble pour son vrai
prix, qu'il parfait, ou le rendant, il reçoit le prix qu'il a
payé, de manière qu'il est toujours indemne. Ainsi de l'exercice de cette action, le vendeur n'a d'autre bénéfice sur
l'acquéreur, que celui de reprendre sa chose aliénée à vil
prix, en rendant le prix payé.

A 4

(8)

Si, au contraire, l'estimation est moindre de six francs, le vendeur, alors privé de son action, peut perdre, côntre le vœu de la loi, la moitié de sa chose (1).

Mais, ou trouve-t-on qu'estimer en numéraire, seul mode possible et raisonnable d'estimer, que fixer les valeurs fugitives des payemens en valeurs réelles, d'après le tableau, règle commune à tous les citoyens, ce seroit consacrer la mauvaise foi, et tolérer un gain immoral pour le vendeur (2)? Lorsqu'il est impossible de n'être pas convaincu, 1°. que tout le bénéfice du vendeur se borne à reprendre sa chose aliénée à vil prix; 2°. que l'acquéreur toujours indemne, reprend ce qu'il a payé, à moins qu'y trouvant plus d'avantage, il ne garde l'immeuble, en complétant le vrai prix. C'est, en vérité, prodiguer l'injure en pure perte, et afficher une partialité trop inconvenante.

Mais enfin, veut-on que le prix de l'immeuble soit plus haut en 1790, que lors du cours du papier? Que dictent alors la droite raison et la justice? 1°. Toujours d'estimer en numéraire, puisqu'il y a impossibilité et déraison d'estimer contre assignats; 2°. de faire un prix commun des dix années antérieures à 1790, et de celle depuis la cessation dans le commerce du papier monnoie pour fixer le vrai produit; 3°. de faire également un denier commun de de celui de 1790; et de celui actuel, pour établir le capital; le temps de la vente se trouvant alors au milieu de ces deux époques, où la fixation du vrai produit est seule possible; c'est remplir, autant que l'homme en est capable, la plus austère justice, en suivant le vœu de la loi.

Article II de la Résolution.

Le vrai prix, au temps de la vente, établit seul la lésion. Est-il double du prix stipulé? Il y a lésion; ne l'est il pas? point de lésion.

RÉPONSE.

Ce systême érroné, immoral, opposé à l'esprit et à la lettre de la loi, et dont les suites consacreroient la perfidie, n'a, et ne peut avoir d'autre objet que d'empêcher l'exercice de l'action en lésion.

Preuve.

Si d'après la résolution, le prix stipulé est 100,000 liv, et le prix de l'expertise 200,100 liv. il y aura lésion.

---

(1) Le vendeur combat *a damno vitando*, et l'acquéreur *ad lucrum captandum.*

(2) Rapport au conseil des cinq cents, page 12.

Si, au contraire, d'après la même résolution, le prix stipulé est 100,000 liv., et le prix de l'expertise, 180,000 l.
mais, sur lequel, le vendeur n'aura reçu valeur réelle que
1,800 liv., c'est-à-dire le centième du vrai prix, *veri pretii*,
il n'y aura pas de lésion. Ainsi, la résolution admet la lésion pour un vendeur qui a reçu un peu moins que la moitié
du vrai prix, et la rejette pour celui qui n'en a reçu que
le centième. La loi autoriseroit-elle une aussi incroyable
injustice ? Ecoutons-la.

« Si un immeuble est vendu au-dessous de son prix, il
» est, de l'équité, que restituant le prix payé, le ven-
» deur reprenne sa chose ». *Rem majoris pretii situ vel
pater tuus distraxerit, humanum est ut pretium, te restituente
emptori fundum venundatum recipias.*

Quel est actuellement ce moindre prix ? l'expression de
la loi ne laisse sur cela aucun doute ; elle est la clarté du
jour. Le moindre prix, dit-elle, est : « celui dont la moitié
du vrai prix n'a pas été payé ». *Minus autem pretium esse
videtur, si nec dimidia pars*, VERI PRETII SOLUTA SIT.

Voilà donc le vrai motif qui autorise cette action, si la
moitié du vrai prix n'a pas été payée ; motif indépendant
de la bonne ou mauvaise foi de l'acquéreur. *Et si nullus
dolus intercessit stipulentis sed ipsa res, in se dolum habet*,
ce qu'on appelle en droit, DOLUS REIPSA

Quel est dans notre espèce, le vrai prix ? 180,000 liv.
Qu'a-t-il été payé ? 1,800 liv. 1,800 liv., loin de former le
vrai prix, n'en sont que le centième. Donc, l'action en restitution est dévolue au vendeur d'après la loi, qui veut impérieusement le payement réel de la moitié du vrai prix,
pour que la vente soit sérieuse, qui douteroit alors de
cette vérité, pourroit aussi douter qu'il y eût un soleil.

Que devient alors la disposition de la résolution ? Opposée
à la loi, elle ne peut qu'être rejetée ; ou il n'y a plus de
principes.

Vainement chercheroit-on à éviter le point de la difficulté.

Il faut pour que la vente soit sérieuse, un vrai prix ;
un prix représentatif de la valeur réelle de l'immeuble ;
prix, comme on l'a vu, qui ne s'établira jamais que par
le rapport de la denrée au numéraire ; rapport impossible
contre assignats.

Il faut, en outre, le payement de la moitié de ce vrai
prix, réellement et non fictivement ; ce que l'assignat
valeur nominale n'opèrera jamais, tant qu'existeront la justice et la loi.

Validité des payemens.

Qui donc fixera la valeur réelle des payemens faits en

papier-monnoie ? Le tableau dépréciatif ; règle et loi commune à tous les citoyens : ce qu'il statue pour l'un, l'est réellement pour l'autre. Je défie le plus déterminé défenseur des acquéreurs, au sort desquels s'occupent par préférence la résolution et le rapport, d'oser nier que l'objet principal qui a déterminé le tableau dépréciatif, a été de punir la perfidie d'un créancier qui, ayant acheté sur la place 100,000 l. d'assignats valeur nominale, 10,000 liv. valeur réelle, les ayant cependant prêté pour 100,000 liv. auroit osé exiger le paiement entier de son prêt.

Alors un prétexte spécieux d'équité, portant à faux ; des vues politiques qui, confondant tous principes en cette matière, où elles sont inapplicables, parce qu'il s'agit de la propriété, que l'autorité publique n'a jamais droit d'entamer (1), ont consacré le tableau dépréciatif, source intarissable de perfidies.

Mais les mêmes loix ont cependant voulu que tous prêts prouvés faits, valeur réelle quelconque, fussent payés de même ; dispositions des loix des 15 fructidor, art. 5, 6, 7, et 16 vendémiaire, art. 9.

D'après cela, il faut nier qu'un immeuble a une valeur réelle, lui qui les produit toutes, ou il faut que la moitié de son vrai prix soit payée pour que la vente en soit sérieuse, de conformité à la loi qui établit l'action en restitution pour cause de lésion, à laquelle tout acquéreur est soumis.

En vain oseroit-on prêcher ici cette doctrine immorale : « Vous avez vendu en assignats ; vous avez reçu votre prix » en assignats ; la loi autorisoit leur cours ; votre convention » est remplie.

---

(1) « C'est un paralogisme, dit Montesquieu, que de dire que le bien » particulier doit céder au bien public. Cela n'a lieu que dans les cas où il » s'agit de l'empire de la cité, c'est-à-dire de la liberté du citoyen. Cela » n'a pas lieu dans ceux où il est question de la propriété des biens, » parce que le bien public est toujours que chacun conserve invariable- » ment la propriété que les loix civiles lui donnent.

» Posons donc pour maxime, ajoute cet homme illustre, que lorsqu'il » s'agit du bien public, le bien public n'est jamais qu'on prive un parti- » culier de son bien, ou même qu'on lui en retranche la moindre partie » par une loi ou réglement politique. Dans ce cas, il faut suivre à la » rigueur la loi civile, qui est le palladium de la propriété ».

Ce principe élémentaire en gouvernement, est spécialement consacré, art. 1 et 5 des droits, 8 et 9 des devoirs de l'homme, et 358 de notre pacte social. Combien importe-t-il donc de ne pas confondre ce qui tient à la liberté de tous, avec ce qui intéresse la propriété ; sans cette attention vigilante, on risque de sapper la société par les fondemens.

RÉPONSE.

Le législateur qui, après avoir créé, multiplié, avili et anéanti ce papier destructeur, a consacré un tableau qui doit fixer le sort de chaque citoyen, voudroit-il que les vendeurs seuls fussent écartés de ses dispositions ? La loi n'a pas deux poids, deux mesures.

Le jour où j'ai vendu mon immeuble, je suis pendant dix ans en compte courant avec mon acquéreur. Si alors il ne m'a pas payé la moitié du vrai prix, j'ai droit de faire résoudre la vente, si le vrai prix n'est pas parfait. Voilà la loi qui nous régit en cette matière ; elle est fondée sur l'équité, et j'ose dire que la conduite du corps législatif l'a consacrée. En voici un exemple frappant.

Lors de la vente des biens nationaux, payables en mandats, l'acquéreur étoit autorisé par son contrat à payer le prix de vente avec ce papier ; et il eût été déraisonnable, injuste, même perfide dans le sens de la résolution, d'exiger autre chose de lui.

Cependant le corps législatif, instruit de la lésion énorme qui résultoit de ces ventes, eu égard au discrédit du papier, a ordonné que le quart du prix stipulé fût payé valeur métallique, ce qui a dû faire une différence énorme dans le prix, eu égard à celui immodéré auquel l'espoir de payer en papier de valeur presque nulle auoit fait monter le prix stipulé.

Je ne crains pas d'observer que le corps législatif, outre qu'il avoit autorisé par le contrat le paiement en papier, étant lui-même créateur de ce papier, son propre effet, il étoit, à double titre, obligé de le recevoir. Quel motif peut donc autoriser ce refus ? L'équité et la nécessité de mettre des bornes aux profits immodérés des acquéreurs.

Soyons de bonne foi et dépouillés d'amour-propre comme d'intérêt personnel ; consultons la droite raison, qui seule doit nous diriger.

J'ai vendu un immeuble, j'ai stipulé un prix ; celui que j'ai reçu en papier n'est pas le dixième du vrai prix de l'immeuble, et ce papier n'est pas mon propre effet ; au contraire, je ne l'ai reçu que pour ne pas exposer ma vie. Une loi existante et maintenue par nos loix, veut que, n'ayant pas reçu la moitié du vrai prix, je sois autorisé à reprendre ma chose, si ce prix entier ne m'est pas parfait.

Le corps législatif, à tous égards, comme on vient de le voir, dans une position bien moins favorable, mais par équité, et pour mettre des bornes à des profits illicites et immodérés, a pu ordonner de substituer pour paiement de prix de vente stipulés payables en papier, une portion payable numéraire métallique ; et il prononceroit aujourd'hui que mon acquéreur, qui a mon immeuble pour moins que rien, le garderoit au préjudice de cette même équité, et plus encore d'une loi civile, maintenue par lui corps législatif? Oui, si un tel abus de pouvoir avoit lieu, le peuple français, sans propriété, ne seroit plus qu'un peuple d'esclaves.

Comment donc, d'après cela, oser mettre en question si le prix d'un immeuble doit être payé en valeur réelle? Qui peut n'être pas révolté d'entendre ce qui se dit contre la formation des tableaux dépréciatifs, pour n'y point soumettre les payemens des prix de ventes en assignats? Est-ce le vendeur qui a fait ces tableaux défectueux? Est-il vrai que par-tout ils favorisent les vendeurs? Leur diversité prouvant le contraire, anéantit ce moyen mal conçu. Pourquoi tant de prédilection pour l'acquéreur toujours indemne, et d'éloignement pour le vendeur, qui court risque de tout perdre?

Opposeroit-on des paiemens en assignats, faits sur d'anciens prix de ventes antérieures au papier? Ces paiemens ont-ils été faits dans les dix ans de la vente? Ne forment-ils pas la moitié du vrai prix? *Veri pretii.* Y a-t-il une loi qui, les validant, à rejeté l'action en restitution? Voilà sur quoi il faut répondre; et c'est ce qu'on ne fera pas, parce que aucune loi encore, et c'est une vérité de fait, n'a rejeté l'action en restitution, lorsque la moitié du vrai prix n'a pas été réellement payée: la vente n'étant sérieuse, pendant dix ans, que lorsque cette disposition de la loi a été remplie.

Peut-on entendre de sang-froid réclamer la foi due aux contrats, pour valider des paiemens presque nuls faits en assignats? N'y a-t-il donc plus de distinction du juste et de l'injuste!

Un immeuble a été vendu en assignats, avec faculté à l'acquéreur de se libérer, en avertissant trois ou six mois d'avance; le prix stipulé est 200,000 livres; le vrai prix 120,000 livres.

Lors de la plus grande dépréciation du papier, et près des derniers remboursemens autorisés par la loi, l'acquéreur paie la totalité du prix stipulé, qui devient nul dans les mains du vendeur, lequel, par conséquent, perd la totalité de sa chose, que l'acquéreur a presque pour rien. Et la loi consacreroit cette perfidie, sous ce prétexte immoral qu'ayant contracté en assignats, il a valablement payé en assignats, qu'ainsi il a rempli la foi due aux contrats, et qu'exiger de lui le paiement du vrai prix seroit la violer! Quel égarement d'esprit! et dans quels écarts l'homme est jeté par l'abandon des principes!

Je le répète, qui jamais eût librement et sciemment

consenti à vendre pour rien une propriété si considérable ? Qui ignore, 1°. qu'un prix sans proportion avec la chose vendue n'est pas un prix ? 2°. Que point de prix, point de consentement ? 3°. Point de consentement, point de vente sérieuse ? 4°. Que si le seul défaut de paiement de la moitié du vrai prix est considérée en droit comme *dol*, *dolus reipsa*, et autorise la résolution de la vente, quel nom donnera-t-on au défaut de paiement du prix entier de la vente, si non celui de *vol manifeste ?*

C'est ici que le vendeur, fondé en droit comme en morale, reprendra sa chose et l'acquéreur son prétendu prix ; quel admirable concert alors entre ces principes, la loi et ce sentiment intérieur, qui sans cesse nous répète cette loi éternelle de la nature : *Ne fais à autrui que ce que tu voudrois qui te fût fait.* Ainsi, la loi naturelle étaye cette loi positive, qui, à défaut de paiement, de moitié du vrai prix, autorise le vendeur à faire résoudre la vente ; loi à laquelle l'acquéreur est soumis, et dont l'exercice, maintenu par le corps législatif, ne pourroit être empêché en manière quelconque sans attaquer le droit sacré de la propriété.

Même article de la résolution.

Le prix entier étant payé, plus d'action en restitution pour lésion.

RÉPONSE.

On voit que cette disposition de la résolution également opposé de front à la loi, sur l'action en restitution, a aussi même objet que la précédente, d'anéantir l'exercice de cette action.

On vient de prouver que la seule vilité du prix payé autorise cette action. D'après cela, ce qui a été dit suffiroit pour anéantir cette seconde disposition, aussi erronée que la précédente ; et je pourrois en demeurer là.

Mais niera-t-on que cette action étoit dévolue, il y a dix ans, à celui qui, ayant vendu un immeuble au-dessous de la moitié de son vrai prix, avoit cependant reçu en écus la totalité du prix stipulé ? Non sans doute. Par quelle fatalité donc cette action cesseroit-elle d'avoir lieu aujourd'hui ? On a vu qu'elle est entièrement maintenue par la loi du 14 fructidor ; par conséquent, le vendeur, pendant le cours du papier, a le même droit que celui lors du cours du numéraire ; et combien encore sa situation est-elle plus favorable !

Le premier vendeur connoissoit la valeur de son immeuble et celle du prix payé, le second ne connoissoit n l'un ni l'autre, et son acquéreur perfide, qui lui a payé le prix stipulé en valeurs nulles, a pour moins que zéro son immeuble! Quoi! ce vendeur si indignement trompé, contre la disposition de la loi, seroit privé de l'action en restitution? Une injustice de cette nature ne se présume pas.

Opposeroit-on encore ici les paiemens en assignats d'obligations mobiliaires, autorisés par la loi, pour valider ceux faits pour prix d'immeubles? En vérité, il y auroit trop peu de bonne foi. Ignoreroit-on combien est différente la nature de ces deux contrats!

La vente de toutes obligations mobiliaires a toujours pu se faire pour moitié, tiers, quart de la vraie valeur, sans espoir de rescision pour le vendeur.

Au contraire, toutes les fois que la vente d'un immeuble s'est faite, et que le vendeur n'en a pas eu la moitié du vrai prix, *si nec dimidia pars veri pretii soluta sit*, il a eu droit de faire résoudre la vente; si le complement de ce *vrai prix* n'étoit réellement pas payé.

Il suit de cette distinction, importante à faire, que les paiemens faits de contrats mobiliers validés par la loi, sont étrangers à ceux faits pour prix de ventes d'immeubles, qui étant d'une nature absolument différente, ne peuvent, ni ne doivent raisonnablement recevoir la même application, sur-tout lorsqu'une loi positive prescrit, en outre, de les effectuer en valeur réelle, pour la moitié du vrai prix, sans quoi la vente n'est pas sérieuse.

Il en est de même de la loi de nivôse, qui a déclaré valable les paiemens faits sur les ventes postérieures au 14 fructidor, parce qu'il en est de ces prix de ventes, comme d'une créance mobiliaire; ces ventes sont sur la même ligne, n'y ayant plus contre elles d'action en lésion.

Mais il faut le répéter, le vendeur a-t-il reçu, valeur réelle, la moitié du vrai prix? Point d'action en restitution. Ne l'a-t-il pas reçu? L'action lui est dévolue, qu'il ait reçu ou non la totalité du prix stipulé, qu'importe. La loi n'admet pas ce prix; elle ne connoit que le vrai prix, duquel l'acquéreur doit avoir réellement payé la moitié, pour que la vente soit sérieuse, ainsi qu'on vient de le voir.

D'après cela, combien sont fausses et erronnées les dispositions de la résolution dont le but unique est, foulant aux pieds tous principes, de rendre impossible l'exercice d'une loi établie par l'équité et maintenue par la loi du 14 fructidor; comment pourroit-elle être adoptée?

OBJECTION.

L'imputation des paiemens énoncés en l'article V de la

loi du 16 nivôse dernier, porte également sur les prix de ventes antérieures et postérieures au 14 fructidor.

RÉPONSE.

Cette disposition de la résolution est diamétralement opposée à ce que présente naturellement à l'idée l'art. V de ladite loi de nivôse, dont voici le texte :

« Les acquéreurs qui ont payé en papier-monnoie,
» conformément aux loix existantes, une partie du prix
» convenu, sont valablement acquittés d'une semblable
» quotité proportionnelle de la valeur estimative de l'im-
» meuble vendu ; de sorte que s'ils ont payé la moitié
» ou les trois quarts du prix stipulé, ils ne pourront être
» considérés, comme débiteurs, que de la moitié ou du
» quart restant de la valeur estimative, telle qu'elle sera
» réglée par l'expertise, sans préjudice toutefois de l'action
» en lesion, d'outre moitié dans les cas de droit, et pour
» tous les contrats antérieurs au 14 fructidor an 3 ».

D'après la disposition de cet article, il est aussi clair que la lumière du jour, que l'acquéreur qui a payé les trois quarts du prix stipulé, a payé les trois quarts du vrai prix, et ne doit plus que le quart de ce prix.

Il est de la même évidence, d'après la loi qui autorise l'action en restitution, que lorsque l'acquéreur a payé la moitié ou les trois quarts du vrai prix, il n'y a plus d'action en restitution ; d'où il suit, et dans l'hypothèse même de l'article V de la loi de nivôse, que la réserve de l'action en lésion ne seroit qu'illusoire, et qu'un vendeur qui auroit reçu le prix stipulé en papier, quoiqu'il n'eût réellement reçu que le centième du *vrai prix*, seroit privé de l'exercice de cette action ; ce qui vient d'être démontré opposé autant à la justice, qu'à l'esprit et à la lettre de la loi.

Mais quelles auroient été les vues du législateur, en réservant l'exercice de cette action, déjà détruite par une disposition qui la précède immédiatement ? Le plaisir seul de ruiner les vendeurs et insulter à leur misère. En vérité il en coûte trop pour adopter, ou plutôt se laisser surprendre par une idée si accablante et si invraisemblable.

Il faut le dire, l'imputation des paiemens dans les pro- portions établies par cette loi, ne concerne que les ventes postérieures au 14 fructidor an 5, et ce, « sans préjudice » de l'action en lésion d'outre moitié, *aux termes de droit*, » et pour tous les contrats antérieurs à la publication de » la loi du 14 fructidor an 3 », écarte de cette imputation de paiemens tous les contrats antérieurs à cette époque, pour lesquels l'action en restitution demeure expressément réservée ; ce qui étant l'évidence même ne se démontre pas.

S'il en étoit autrement, l'action en restitution, devenue impossible, seroit abrogée par le fait ; alors la résolution sanctionnée ayant un effet rétroactif, attaqueroit le pacte social, la propriété, base et lien essentielles de la société.

OBJECTION.

L'exercice de cette action portera le trouble dans la société.

RÉPONSE.

La loi qui autorise cette action existe ; son effet est donc nécessaire ; tenant à la propriété et la protégeant, nul motif, nulle considération politique, ainsi qu'on l'a vu, n'autorisent le souverain a y porter atteinte ; c'est de principe élémentaire en gouvernement.

Dans tout contrat de vente, il y a un vendeur et un acquereur ; donc autant d'individus pour et contre cette action.

S'il pouvoit résulter quelque trouble de son exercice, pourquoi non de sa suppression, puisque dans l'un et l'autre cas il y a parité dans le nombre d'interessés ? Mais y a-t-il parité de droit dans les réclamations ?

Qu'opposeroient de juste les acquéreurs contre l'exercice de cette action ? Ils connoissoient la loi ; soumis à son empire, ils ont dû compter sur son exécution. Au reste, quel tort leur fait-elle ? Veulent-ils garder l'immeuble ? Ils doivent en parfaire le vrai prix. Veulent ils le rendre ? Ils reprennent ce qu'ils ont payé, et par conséquent ils sont toujours indemnes. Mais ils veulent garder l'immeuble pour des valeurs nulles ? Alors la loi repousse leur insatiable cupidité. Quoi de plus juste que ses dispositions ?

Qu'on se représente, au contraire, l'effet de la suppression de cette action : établie depuis quinze siècles, maintenue par la loi de fructidor, pour les contrats qui précédent cette époque, les vendeurs lèsés, citoyens d'un état libre, ont essentiellement compté sur son exécution, et ils ne peuvent en être privés que par une loi qui, attaquant le pacte social et la propriété, feroit de la volonté du législateur, la loi suprême ; alors la misère et le désespoir seroient leurs seules ressources. Voilà les motifs et l'intérêt qui étayeroient les réclamations éternelles des vendeurs ; motifs aussi justes, aussi puissans, que les acquéreurs en sont dépourvus. La crainte du plus léger trouble, de la part de ces derniers, n'est donc qu'un futile prétexte.

Il me reste à répondre à quelques considérations et quelques faits particuliers opposés à l'exercice de l'action pour cause de lésion.

S'il étoit question d'établir cette action, il seroit, sans doute, de la sagesse du législateur de considérer préalablement ses effets sous tous les rapports possibles ; mais la loi existe : maintenu par lui-même, il ne pourra jamais vouloir en arrêter l'exercice, à moins de consacrer en principes la versatilité des lois, et l'arbitraire.

» Mais n'est-il pas cruel qu'un acquéreur, qui a payé » avec un papier provenant de remboursemens de capitaux, » valeur réelle, soit évincé de son acquisition, et rem-» boursé en valeurs presque nulles » ?

Le sort de cet acquéreur est celui de tous les créanciers. Est-ce de son acquisition que résulte sa ruine ? Non ; puisque les mêmes valeurs qu'il a donné lui sont rendues : sa ruine a pour cause des remboursemens étrangers à son acquisition, elle ne peut donc qu'être injustement imputée et nuire à un vendeur qui n'y a pas contribué.

» Le vendeur a lui-même remboursé avec le papier de » l'acquéreur des capitaux valeur réelle ». Eh bien ! dans ce cas, que l'action du vendeur soit rejetée ; mais ce fait particulier et étranger pourroit-il nuire à une multitude de vendeurs victimes, d'acquéreurs perfides, qui ont pour moins que rien l'immeuble vendu, ainsi qu'on va le voir ?

Pierre a vendu, 240,000 livres assignats, une ferme superbe et trois cents trente-trois arpens de terres y joints, située dans une contrée fertile, louée, quitte d'impôts et à bon marché, 4,800 livres écus, et quelques faisances. Le prix de ventes, stipulée payable dans dix ans, avec faculté, toutefois, à l'acquéreur de se libérer, en avertissant six mois d'avance. La dépréciation du papier survient, et avec environ 10,000 livres, valeur réelle, l'acquéreur se libère du prix stipulé. Eh bien, la seule moitié du produit de l'an 4, payée en nature, a plus que remplacé le prix total de l'acquisition.

P R E U V E.

La moitié de ce produit étoit de cent septiers froment, dont un valoit de 6 à 10,000 liv. donc les 100, 600,000 liv. ou un million, c'est-à-dire le triple environ du capital de 240,000 livres ; et comme la valeur du papier, alors, pouvoit bien n'être que le tiers de celle du papier donné en paiement, cette moitié du revenu d'une année a seule égalé le capital de la vente. Depuis deux ans cet acquéreur a joui encore d'un produit annuel de 4,800 livres écus ; il a donc pour moins que rien ce précieux et magnifique domaine.

Voilà le sort d'un de ces infortunés acquéreurs ; pour venir au secours, desquels il faudroit, supprimant l'action en lésion , fouler aux pieds les principes, attaquer la propriété et le pacte social , bannir la justice et éteindre tout sentiment d'humanité. Voyons actuellement le sort du vendeur.

Du même papier que Pierre a reçu, presqu'aussi - tôt et de l'avis de son acquéreur, il a placé 200,000 liv. qui, par le tableau , sont réduits à 12,000 l. , 40,000 ont servi au paiement d'une partie de son emprunt forcé , qui tiennent lieu de 400 liv. Il a donc reçu et fait emploi au total de 12,400 l. pour ce domaine.

Quel est l'homme probe et sensé qui oseroit ici opposer quelques considérations pour écarter l'exercice de l'action en lésion? Ressource qu'offrent , de concert , à une famille nombreuse, si cruellement trompée , l'humanité, la justice et la loi.

Voilà pourtant un de ces vendeurs fortunés pour lequel il faut rejeter le seul mode qu'un usage constant et la droite raison indiquent pour fixer le vrai prix d'un immeuble , et ne pas admettre le tableau dépréciatif, règle et loi commune à tous les citoyens pour réduire des valeurs fugitives et presque nulles , à des valeurs réelles prescrites par la loi; parce que des tels moyens consacreroient la mauvaise foi et tolèreroient un gain immoral pour le vendeur (1) , lorsqu'il est d'une évidence irrésistible qu'il ne peut jamais avoir que celui de retirer simplement sa chose des mains d'un acquéreur qui la possède à vil prix et auquel il rend tout ce qu'il a reçu de lui. Voilà l'homme lorsqu'il substitue la passion à la raison !

« Pourquoi Pierre a-t il vendu? Sans doute quelqu'intérêt » le dirigeoit ». Il faut donc le dire.

Pierre incarcéré dans ces temps d'horreur, où immolant la victime , on confisquoit ses biens ; Pierre craignoit pour sa vie; père et ayeul de 50 enfans ou petits-enfans , désireux de leur conserver quelque chose , il se promit qu'obtenant sa liberté , il vendroit une partie de sa propriété pour la leur partager sous un modique viager. Libre le 26 thermidor, rentré chez lui le premier fructidor, il avoit vendu le 14 , pour 400,000 l. d'immeubles assignats, valeur réelle de plus de 250,000 l. Peu soucieux de connoître alors , et le prix de l'immeuble contre assignat , et la valeur réelle de l'assignat , la crainte, la douleur, le désespoir même , suite des persécutions qu'il venoit de souffrir , dirigeoient ses opérations.

Le rapporteur de la commission du conseil des cinq-cents peut être instruit de la véracité de ces faits faciles à prouver.

Je pourrois en opposer beaucoup de cette nature aux

______

(1) Rapport au conseil des cinq-cents.

clameurs des acquéreurs; je le crois inutile. Je le répète, la loi existe, l'arbitraire seul peut en empêcher l'exercice entier; alors plus de propriété, plus de liberté, plus de société.

Si j'ai parlé de ce fait particulier, qui peut être victorieutement opposé aux plaintes inconsidérées et dénuées de toute justice des acquéreurs toujours indemnes, mon intention a été de prouver le danger d'une loi qui, sous prétexte de faits isolés, controuvés et défigurés par des agioteurs, acquéreurs perfides, arrêteroit l'exercice d'une action qui jamais n'a été si utile, si nécessaire que dans ces circonstances, où il ne s'agit pas seulement *de sauver*, *à d'infortunés vendeurs*, *la moitié*, *mais même encore la totalité de propriétés précieuses dont les seuls fruits perçus excèdent les sommes payés*, et pour lesquelles l'action en récision, d'après la résolution, cesseroit d'être dévolue.

Le corps législatif, par deux de ses lois, a maintenu cette action, pourroit-il, opposé à lui-même, en vouloir rendre l'exécution impossible par une loi nouvelle? qui, d'un côté, prendroit à l'un ce qui lui appartient justement, pour le donner à l'autre, à qui il n'appartient pas? Et d'autre côté franchissant les bornes du pouvoir légitime, attaqueroit le pacte social, substitueroit l'arbitraire à la loi? Tel seroit l'effet de la résolution que j'attaque, et que le conseil des anciens rejettera.

De l'Imprimerie de BELIN, rue Jacques n°. 22.